RESSOURCES

Paul-Henri DUCROCQ
RESSOURCES

Poésie augmentée

© 2023 Paul-Henri DUCROCQ

Édition: BoD – Books on Demand, info@bod.fr
Impression : BoD – Books on Demand, In de Tarpen 42, Norderstedt (Allemagne)

Impression à la demande

Illustration : Luce G.

ISBN: 978-2-3221-6257-4
Dépôt légal : avril 2023

"Publier un livre de poésie, c'est comme jeter un pétale de rose au fond du Grand Canyon et attendre l'écho."

Don Marquis

Sommaire

Le cœur 9

Jamais ne s'éteindra ma flamme 10

Fille de marin 12

T'es belle ! 14

Je voulais te dire … 16

Des mots 18

Tu es … 20

Retiens-moi 22

Comme toi 24

Riche que de toi 25

La guerre 27

Mes Armes 28

Offrez-moi l'innocence 30

Les chars 31

Jamais les larmes 32

Paris-Damas dans le sang 33

Debout ! 35

Le dernier combat 37

Les blessures 39

Prends garde aux vents ! 40

Ce soir je prends ma guitare 42

Retiens-moi, je sombre 44

Borderline 47

Le divorce 49

Un océan de solitude 50

Ça pleure aussi un homme 52

L'âme 53

Je viens du pays des monstres 54

Le cœur n'a pas de pays 56

Welcome in Calais 58

Quel temps fait-il dans ton château ? 59

Ferme tes yeux on s'envole tous les deux ! 61

Le malentendu 63

Sale temps pour les poètes 65

Le départ 67

L'agonie 68

Réveille-moi 69

La princesse et la bouteille 71

Tu voulais 72

Si tu dois partir comme ça 75

Là où se taisent les ouragans 76

On s'tient la main 78

Adieu la vie 80

La Lumière 82

C'est le même torrent qui coule en nous ! 83

Le soleil de Combani 85

La lumière 87

Le cœur

Jamais ne s'éteindra ma flamme

Qu'importent les jours les saisons
Qui se dérobent là sous nos yeux
Qu'importent la folie la raison
Qui nous consument à petit feu
Qu'importent les vents les orages
Qui feront tanguer ton rafiot
Qu'importent les larmes sur ton visage
Qu'importent les rides sur ta peau

Qu'importent les sommets les abîmes
Que tu sois roi ou miséreux
Qu'importe la vie que tu dessines
Qu'importe la couleur de ton Dieu
Qu'importe la nuit dans ton cœur
Dans ces instants où tout s'effondre
Qu'importe le vent du bonheur
Quand dans tes yeux l'amour inonde

Qu'importe le souffle dans tes voiles
Pour d'autres chemins d'autres vies
Qu'importe la lueur des étoiles
Sous d'autres cieux d'autres pays
Qu'importe si les mers nous séparent
Qu'importe si l'eau file sous les ponts
Qu'importe la douleur certains soirs
Quand les larmes s'écoulent pour de bon

Et si je pars un peu trop vite
Et si je vis un peu trop fort
Si le chagrin en toi s'invite
Ferme les yeux je brille encore

Jamais ne s'éteindra ma flamme
Un peu de moi coule dans ton sang
Un peu de moi coule dans tes larmes
Je serai toujours là mon enfant

Jamais ne s'éteindra ma flamme

Fille de marin

Elle danse sous un chaos de pluie
Elle danse le jour elle danse la nuit
Quand elle fait bouger la poussière
Quand elle détourne la lumière
Elle danse parfois dans son sommeil
Dans ses nuits d'encre jusqu'au réveil
Elle danse à envouter la mort
A l'heure où le soleil s'endort

Elle danse depuis la nuit des temps
Elle danse parfois nue pour les gens
De toutes les courbes de son corps
Dans les bars miteux de ces ports
Elle danse même pour les marins saouls
Pour ceux qui finissent à genoux
Elle fait parfois tourner les têtes
Dans la fumée des cigarettes

Elle pleure son cœur a explosé
Son beau matelot s'en est allé
Elle pleure de toute sa détresse
Balayées toutes les belles promesses
Elle pleure jusqu'au petit matin
La triste vie de la putain
Celle qui rêvait un peu plus grand
Que ce bar triste et désolant

Elle pleure à chavirer sa vie
Dans le fond houleux de ses cris
Elle pleure de toutes ses entrailles
De Saint Malo jusqu'à Pigalle

Elle pleure à poser sur son cœur
Le flingue de toute sa douleur
Elle pleure à appuyer enfin
Sur la gâchette adieu marin

Elle dort sa vie s'en est allée
Son dernier souffle l'a quittée
Son beau marin n'la jamais su
Il est à jamais disparu
Mais là dans son ventre arrondi
Putain c'est sûr y'avait d'la vie
Mais là dans son ventre arrondi
Putain c'est sûr y'avait d'la vie !

T'es belle !

T'es belle comme une étoile qui brille de mille feux
Comme un poème brûlant fait chavirer tes yeux
Comme une nuit blanche passée à reconstruire le monde
Comme une traînée de poudre met le feu à la bombe

T'es belle comme le sourire d'un gosse face à la vie
Comme un éclat du ciel après le vent la pluie
T'es belle à faire rougir les curetons du village
T'es belle à faire chialer les putains du grand large

T'es belle comme un bateau qui défie la tempête
Sous un tonnerre de feu sous un tonnerre de bête
T'es belle comme un soldat debout face au néant
Les larmes au fond des yeux les mains souillées de sang

T'es belle par-dessus tout quand la colère t'emporte
Quand ton regard de feu te rend soudain si forte
T'es belle dans tes chagrins aux heures où tout s'effondre
T'es belle quand dans tes yeux ton amour nous inonde

T'es belle comme l'incendie balayé par les vents
T'es belle comme une montagne t'es belle comme un volcan
Comme un oiseau blessé qui s'élève vers le ciel
Enivré de lumière, enivré de soleil

T'es belle comme un dimanche assis au coin du feu
A écouter le son de ces vinyles trop vieux
T'es belle comme un dimanche de guitare et de pluie
A oublier ce monde pour éclairer la nuit

T'es belle comme l'étincelle dans les yeux d'un gamin
Un matin de décembre dans l'ombre d'un sapin
T'es belle comme un rivage qui surgit au réveil
T'es belle comme cette vie quand on se dit je t'aime

T'es belle…

Je voulais te dire …

Avant que le ciel se déchaîne
Avant que la vie fuit nos veines
Avant la pénombre et l'ennui
Avant le silence infini

Avant la mort de l'ours blanc
Avant la fin des océans
Avant la douleur de nos corps
Avant la torture des remords

Avant que vienne le grand chaos
Qui bien souvent nous fait écho
Avant que ne meurent tes sourires
Sous les décombres de nos désirs

Avant que ma carcasse usée
Ne vienne se traîner à tes pieds
Avant d'oublier qui nous sommes
Ce qui faisait de nous des hommes

Avant les rides sur nos visages
Qui un jour nous feront plus sages
Avant la fatigue dans nos yeux
Le souvenir du ciel si bleu

Avant que ce monde un peu fou
N'explose en millions de cailloux
Avant la course à perdre haleine
Je voulais te dire … je t'aime…

Je voulais te dire …

Des mots

Des mots qui claquent et qui font mouche
Dans la pénombre de ta bouche
Des mots qui me touchent en plein cœur
Et éveillent en moi la douleur

Des mots pour te crier ma haine
Quand tout mon être se déchaîne
Des mots pour te dire ma détresse
Quand loin de tes yeux je me blesse

Des mots pour arrêter le temps
Des mots pour arrêter le temps
Quand tu me tiens là près de toi
A s'effleurer du bout des doigts

Des mots à chuchoter tout bas
Ils me réchauffent aussi tu vois
Des mots pour soulager tes maux
Toujours à deux pas du grand saut

Des mots à perdre la raison
Quand la folie devient passion
Des mots à déchirer la mort
Dans la froideur de nos deux corps

Des mots pour enterrer ma guerre
Lorsque ce monde devient poussière
Des mots pour te crier ma rage
Avant la fin du grand naufrage

Des mots à effondrer les murs
Des mots à tomber les armures
Quand j'entends ton rire aux éclats
Quand tu viens m'éveiller pour toi

Des mots qui frappent des mots qui saignent
Des mots qui font couler ma peine
Dans la noirceur de ton visage
Moi je n'peux pas tourner la page

Des mots pour enflammer nos corps
Des mots pour enflammer nos corps
Dans la sueur et dans les cris
Dans le torride de tes nuits

Des mots pour te dire que je t'aime
Tu es le pieu là dans mes veines
Tu es la chaleur dans mon sang
Celle qui me consume chaque instant

Tu es …

Tu es le feu là dans mes veines
Tu es la rosée sur la plaine
Tu es le chaos dans mes nuits
Quand dans mes songes tout est fini

Tu es l'abeille sur la fleur
Enivrée par tant de couleurs
Tu es l'équinoxe de printemps
Quand tu reviens de temps en temps

Tu es la braise incandescente
Tu distilles en moi la chaleur
Dans mes sommets dans mes descentes
Jusqu'à tomber jusqu'à pas d'heure

Tu es le reflet sur le fleuve
Quand le soleil soudain se couche
Dans la douleur ou dans l'épreuve
J'irai reconquérir ta bouche

Tu es la trêve après la guerre
Tu es lumière dans la fumée
Tu es la feuille sur la pierre
Qui doucement vient se poser

Tu es le sourire par ici
Qui me réchauffe quand vient le froid
Quand l'horizon se fait plus gris
T'es un peu tout ça à la fois

Tu es l'amour et moi la guerre
Tu es l'encre je suis poème
Tu es l'arbre je suis la terre
Tu es diamant je suis la chaîne

Tu es remède à tous mes maux
Qu'importent mes larmes parfois
Sur mes douleurs tu mets des mots
Tu es douceur je suis le froid

Tu es raison je suis bohème
Tu es soleil je suis la pluie
Tu es courage je suis la flemme
Tu es ma mort je suis le cri !

Tu es …

Retiens-moi

Retiens-moi pendant la colère
Les jours de feu les jours de guerre
Quand les ténèbres jouent contre nous
Quand elles veulent nous mettre à genoux
Retiens-moi quand le ciel se lève
Après la paix après la trêve
Quand l'horizon s'éveille encore
Le printemps brille un peu plus fort

Retiens-moi pendant mon sommeil
Quand l'ombre me fait un peu plus belle
Et si Morphée s'accroche à moi
Dans l'inconnu je me débats
Apaise mon corps jusqu'au matin
De ton regard tu me retiens
Serre moi encore serre moi encore
A deux on défiera la mort

Emmène-moi un peu plus haut
Je te donnerai tous ces mots
Qui feront rallumer tes yeux
Briller cette flamme brûler ce feu
Emmène-moi un peu plus loin
Vers d'autres vents vers d'autres fins
J'y laisserai flotter mes voiles
Où la vie fait un peu moins mal

Emmène-moi au fond de toi
Pour t'effleurer du bout des doigts
J'y apaiserai ta douleur
Je ferai chavirer tes peurs

Emmène-moi dans tes chagrins
Dans tes silences donne-moi la main
J'irai te chercher s'il le faut
Je te soulagerai de tes maux

Mais, tu ne me changeras pas …
La vie à deux c'est pas comme ça
Mais tu ne me changeras pas …
Aimer, posséder ça rime pas …

Réveille moi réveille moi
Mon sang ne bat plus que pour toi
Et si la passion me dévore
Elle n'atteindra jamais ton corps
Déteste-moi si tu le veux
Déteste-moi si tu le peux
Je suis debout dans la tempête
Dans le tourment je te tiens tête

Comme toi

Un petit homme est arrivé
Un matin de février
Dans les pleurs, les rires et la joie
Et même s'il n'a pas tes yeux
Il a toujours l'air heureux
Comme toi
Même si parfois il a peur
Ce qui brille au fond du cœur
C'est toi

Un jour petit homme s'est levé
Il s'est mis à avancer
Lentement il a trouvé son pas
Et même s'il hésite un peu
Il fait toujours ce qu'il peut
Comme toi
Et si parfois il se blesse
Quand s'envole sa détresse
C'est toi

Petit homme devant la glace
S'interroge du temps qui passe
Il veut de la barbe comme papa
Si parfois viennent les larmes
Elles n'éteignent jamais sa flamme
Comme toi
Et quand il me serre très fort
Quand d'un soupir il s'endort
C'est toi

Riche que de toi

Premier baiser dix ans après
Regardons-nous au fond des yeux
Que reste-t-il de cette journée
De nos deux regards amoureux
De ces instants où l'on buvait
Nos mots jusqu'au petit matin
De ces instants où l'on rêvait
Défier la vie main dans la main

Alors bien sûr ce n'est pas facile
Alors bien sûr ce n'est pas gagné
Moi le colosse au pied d'argile
Toi qui viens du pays des fées
Que reste-t-il de tous ces rêves
Qui illuminaient nos regards
Avant que le ciel nous enlève
Vers les ténèbres et le brouillard

Premier baiser dix ans après
Quand j'entends les rires des enfants
Quand je regarde leurs yeux briller
Face à la vie ou l'océan
Moi je me dis ça vaut la peine
Qu'importent les pluies et les vents
Qu'importe le poids de nos chaînes
Ce soir enfin je suis vivant

Si par malheur la vie nous blesse
Si l'horizon se fait plus sombre
Loin des éclats de la jeunesse
Loin des soleils loin de ce monde

Je plongerai dans mon passé
Pour y retrouver vos sourires
L'esprit perdu dans mes idées
Je continuerai à écrire.

Je ne suis riche que de toi
De deux princesses et d'un petit gars
Je ne suis riche que de vous
De vos sourires ... un point c'est tout.

La guerre

Mes Armes

Mes armes ne sont faites que de mots
De rimes de couleurs et de temps
Du son de ma voix un peu faux
De ma guitare du bruit du vent
Mais si elles te touchent en plein cœur
Si elles t'emmènent un peu plus haut
Elles donneront un peu de chaleur
Elles soigneront un peu nos maux

Mes armes peuvent fissurer les murs
Qui nous éloignent de la lumière
Elles peuvent faire tomber les armures
Elles peuvent faire pleurer tes paupières
Qu'elles soient poèmes qu'elles soient chansons
Qu'elles soient de la rue ou de toile
Elles peuvent même enterrer les cons
Elles peuvent allumer les étoiles

Mes armes ne font pas de linceuls
elles nous emportent un peu plus haut
Par dessus les cimes et les seuils
Au delà des rimes et des mots
Tu es la cible dans ma mire
Je veux te toucher en plein cœur
Je veux te toucher à mourir
Sans feu sans haine et sans douleur

Et si mes armes un jour se meurent
Si le grand vide en moi l'emporte
Dans cette vie de mille fleurs
Moi je retournerai dans ma grotte
Loin de moi le feu des Fusils
Loin de moi les bruits des canons
Loin de moi les pleurs et les cris
Mais je peux tuer pour de bon

Des armes de couleurs et de vents
Des armes de plumes et de lumière
Des armes pour braver le néant
Des armes pour tomber les frontières
Des armes pour chanter cette vie
Des armes pour flotter dans le vent
Des armes pour la pleurer aussi
Avant le chaos le néant

Offrez-moi l'innocence

Offrez-moi l'innocence
Quand le chaos des bombes raisonne sur la plaine
Quand mon pays s'embrase quand le ciel se déchaîne
Quand quelques diables fous font sonner les sirènes
Quand coulent sur mes joues les sanglots de leur haine

Offrez-moi l'innocence
Pour désarmer ces hommes qui ont perdu raison
Pour faire cesser le feu, enrayer les canons
Pour que fleurissent encore les joyaux du printemps
Pour que tarissent enfin tous ces sillons de sang

Offrez-moi l'innocence
De ce sourire d'enfant debout face à la vie
Qui regarde en rêvant les étoiles infinies
Réveillons-le enfin au profond de nous même
Pour que notre avenir s'accorde avec poème.

Offrez-moi l'innocence

Les chars

Je rêvais d'un pays
Où l'horizon embrasse le ciel
Je rêvais de prairies
De linge étendu au soleil
Je rêvais d'un bouquin

A l'ombre d'un vieil arbre en fleur
Je rêvais d'un matin
Pour se réveiller à pas d'heure

Je rêvais d'un grand feu
Pour se blottir quand vient la nuit
A l'heure où les enfants
Chantent dansent et crient

Je rêvais de guitare
Pour t'éblouir de mes chansons
Je rêvais en couleur
Sans compromis et sans-façon

Ce rêve de pacotille illuminait mes nuits
Un rêve de presque rien mais si fragile aussi
Ce matin dans le bruit mon rêve s'est envolé
Ce matin dans le bruit les chars sont arrivés.

Jamais les larmes

Mon beau soldat est parti
Par un matin de septembre
Sous le feu ou sous la pluie
Dans les décombres et les cendres
Je t'enverrai quelques mots
Je t'enverrai quelques lettres
T'en fais pas pour ces salauds
Je reviens demain peut-être

Jamais les larmes jamais ton foulard à la mer
Jamais les roses qui périssent avant l'hiver

Mon beau mari est parti
Sous le tonnerre et les bombes
Pour un p'tit coin de paradis
Pour le doux crachin de Londres
Je t'écrirai si je peux
Prends bien soin de notre enfant
Je fais tout ça pour vous deux
Je m'en vais pour l'Occident

Jamais le froid jamais la mort sous tes paupières
Jamais les armes jamais le feu jamais la guerre

Paris-Damas dans le sang

J'te promets pas une vie en or
Une vie facile où tu t'endors
J'te promets pas la vie rêvée
Pas celle qu'on voit à la télé

J'aurais aimé aut' chose pour toi
Un peu plus beau un peu moins froid
Une vie où t'aurais pu rêver
Une vie qu' j'aurais pu t'expliquer

J'te promets pas de grand soleil
Où tu pourrais toucher le ciel
J'te promets pas non plus la paix
J'aurais préféré j'te promets

Moi je rêvais d'aut' chose p'tit gars
Un peu moins violent pourquoi pas
Une vie où t'aurais pu trainer
Le soir les rues sans te soucier

Oui mais ainsi va le monde
Au Bataclan sous les bombes
Oui mais ainsi va le vent
Sur les terrasses dans le sang

Pas loin d'ici il y a un pays
Où les gamins dorment sous leurs lits
Chaque jour apporte son lot de peines
Dans la confusion dans la haine

Ils regardent vers nous en rêvant
Les yeux remplis de larmes d'enfants
Ils ont la peur dans le regard,
Ils veulent un horizon moins noir

Oui mais ainsi va le monde
Sous les grenades sous les bombes
Oui mais ainsi va le vent
Paris-Damas dans le sang

Debout !

Mon lit sous des caisses
Pour étourdir ce froid qui blesse
Rêver d'ailleurs, partir d'ici,
Loin de ces rues loin de ces nuits
Errer ce monde les pieds troués
La tête en bas, le teint usé
Je suis debout !

Moi et mon cabot
Mon compagnon qui fait le beau
Là à vos pieds sur le pavé
J'attends la pièce qui va tomber
Le ventre creux, dans mes guenilles
Mal fagoté les yeux qui brillent
Je suis debout !

Une vie en carton
Dans ma misère toucher le fond
Le corps transi par cette peur
J'attends mon tour dans la froideur
Pour une soupe pour une main
Pour un sourire un bout de pain
Je suis debout !

Ah la belle vie
Celle qui me manque celle que j'oublie
Dans ce destin de malheureux
Moi je m'éteins à petit feu
Tomber par terre se relever
Un peu plus fort sur ses deux pieds
Je suis debout !

Quand mon tour viendra
Quand la faucheuse m'emportera
Loin de vos rues, loin de vos nuits
Au grand bilan de cette vie
Cheveux au vent, le cœur léger
Dans mon bonheur j'irai chanter
Je suis debout !

Le dernier combat

T'étais un peu comme une montagne
T'étais un peu comme un volcan
Derrière les feux derrière les flammes
T'étais un peu comme un enfant

T'étais un peu comme un grand frère
Qui veut partager sa lumière
T'étais surtout comme un guerrier
Debout face à tous les dangers

T'étais un phare dans la tempête
Au milieu des vents et des flots
A l'heure où l'océan se jette
Sur les parois de leurs rafiots

T'étais un peu comme les nuages
Tu flottais là-bas tout en haut
Tu te nourrissais des orages
T'étais un peu comme un oiseau

T'étais un peu comme un tatouage
Indélébile là dans nos vies
Avant le temps du grand naufrage
T'étais comme un cri dans la nuit

T'étais un peu comme le loup blanc
Tout le monde te connait par ici
De tous les bars de tous les vents
Tu n'tomberas jamais dans l'oubli

Tu as perdu ton dernier combat
Celui qu'on ne remporte jamais
Celui qui vous mène un peu plus bas
Adieu chanteur abandonné

Le dernier combat

Les blessures

Prends garde aux vents !

Si c'est écrit qu'on peut pas être heureux
Si l'aventure s'arrête là pour nous deux
Si le chagrin a retrouvé ma route
Si nos chemins sont jalonnés de doutes

Si ton sourire n'éclaire plus mon réveil
Si mes nuages ont envahi ton ciel
Si même tes mains ont perdu leurs douceurs
Si même ton corps a des envies d'ailleurs

Et si ta peau a perdu son parfum
Si notre histoire a perdu son refrain
Si c'est écrit qu'tout ça c'est pas pour nous
Et si nous deux ça valait pas un clou

Et si la glace a remplacé la braîse
Et si nous deux tout n'était que foutaises
Si mon horloge est un peu détraquée
Si ma carcasse est un peu fatiguée

Et si demain devait s'écrire sans toi
Si l' horizon ne s'eveille plus pour moi
Si la tempête m'entraîne toujours au fond
Et si ce monde eteignait ma raison

Si ton regard n'm'arrache plus à la nuit
Si ta lumière ne brille plus par ici
Si mon rafiot s'est égaré au large
Si le ciel gronde avant le grand naufrage

J'étais capitaine d'un bateau de papier
Tu étais le phare sur la mer déchaînée
J'etais capitaine d'un navire prêt à sombrer
Une nouvelle vie t'appelle… prends garde aux vents !

Prends garde aux vents !

Ce soir je prends ma guitare

Puisque les enfants
Ne courent plus à travers les champs
Si les écrans ont remplacé
Les billes dans les cours de récré
Puisqu'on doit liker
Les belles photos du pt'it dernier
Si les souvenirs parfois se meurent
Quand je débranche le computer

Puisque c'est ainsi
Faut surtout pas boire l'eau de pluie
Si les saisons se font la malle
Et si personne n'comprend que dalle
Puisque loin d'ici
Des peuples meurent à l'agonie
Puisqu'il faut fermer
Les frontières de murs barbelés

Ce soir je prends ma guitare
Ce soir je pleure dans le noir

Puisque même la mer
Est une poubelle à ciel ouvert
Si les oiseaux ne migrent plus
Si les abeilles ont disparu
Puisque nos gamins
Ne peuvent plus rêver à demain
S'ils voient le monde à la télé
Tel un navire prêt à sombrer

Puisqu'on assassine
La forêt jusqu'à la racine
Quand le soleil le soir s'endort
Ça sent la peur ça pue la mort
Puisqu'on peut crever
De chagrin face à la marée
Quand ramène au vent
La dépouille froide de l'ours blanc

Ce soir je prends ma guitare
Ce soir je pleure dans le noir

Ce soir je prends ma guitare

Retiens-moi, je sombre

Je toucherai ton âme
De mes mots aiguisés
Je sécherai tes larmes
De tes yeux lessivés
Je raviverai ta flamme
De chansons de poèmes
Je sortirai mes voiles
Pour conquérir ton ciel

Je parlerai aux étoiles
Qui brillent au fond de toi
Je battrai les campagnes
Par les champs et les bois
Je cueillerai des fleurs,
J'en ferai des bijoux
Pour faire vibrer ton cœur
Pour mon cœur de cailloux

Je foulerai des déserts
De solitude et de poussière
Où le soleil parfois s'endort
Dans le grand silence de la mort,
Je défierai les océans
J'affronterai les ouragans
Pour faire vaciller ton regard
Je franchirai tous les remparts

Retiens-moi, je sombre
Retiens-moi, je pleure dans la pénombre

Je deviendrai la pluie
Qui nourrit ton jardin
Je remplirai ta vie
De couleurs de parfums
Je suis le vieil oiseau
Posé sur le rivage
Je regarde là haut
En rêvant des nuages

Je me ferai joyau
Pour embellir ton corps
De mon être en lambeaux
je me ferai en or
Je deviendrai le phare
Triomphant sur la mer
Dans le vent le brouillard
Je me ferai lumière

Je lèverai les armes
Qu'importe le sang sur les lames
Je me battrai jusqu'au matin
Pour pouvoir effleurer ta main
Si la douleur tiraille encore
Je me ferai un peu plus fort
Pour une éclaircie dans tes yeux
Je pourrai déchaîner le feu

Retiens-moi, je sombre
Retiens-moi, mon univers s'effondre

Retiens-moi je sombre

Borderline

Que comprendras-tu de mes colères
Quand vient le feu quand vient la guerre
Quand le volcan soudain explose
Ma vie rime avec overdose

Entendras-tu toute ma détresse
Quand vient le temps de la tristesse
Quand vient le temps du grand pardon
Moi je me sens là comme un con

Pourras-tu oublier mes yeux
Remplis de haine remplis de feu
Quand la tempête ne souffle plus
Quand dans tes bras je suis repu

Si le chaos n'te fait pas peur
Pose ta main là sur mon cœur
Au fond de moi brûle la flamme
Au fond de moi, borderline

Que comprendras-tu de mon chagrin
Si tu t'en vas un peu trop loin
Je pourrai même tout foutre en l'air
Ma vie, ta vie en un éclair

Elles sont gravées là sur mon corps
Les cicatrices de mes remords
À coup de lames je me soulage
C'est toute ma vie qui fait naufrage

Toi si tu m'aimes je t'abandonne
Quand le grand vide en moi résonne
Moi, si je t'aime tu mets les voiles
Avant d'étouffer dans ma toile

Si le chaos n'te fait pas peur
Pose ta main là sur mon cœur
Au fond de moi brûle la flamme
Au fond de moi, borderline

Le divorce

On n'pouvait pas deviner qu'un jour on en serait là
Assis sur ces marches à attendre j'sais pas quoi
La maison la bagnole tu sais bien on s'en fout
Pour la garde des gosses ça peut nous rendre fous

On n'pouvait pas deviner qu'ça nous arriverait aussi
On a tant écouté les problèmes des amis
On s'disait toujours tout ça c'est pas pour nous
A vouloir éviter nous voilà pris au cou

J'pouvais pas supporter c'qu'ils voulaient nous faire dire
On veut plus d'ça c'est vrai, pas au point d'se détruire
Tu ne verras jamais de la haine dans mes yeux
Il y a pas si longtemps nous on était heureux

Je n'pouvais pas supporter le regard des enfants
A devoir choisir le bon et le méchant
J'crois qu'le p'tit dernier il n'a pas tout compris
Papa, maman, lui c'était pour la vie

Un océan de solitude

Les larmes tombent sur ma guitare
Par ce triste matin d'hiver
Mes notes résonnent dans le brouillard
De cette grande maison de verre

Envolés les rires des enfants
Vers d'autres sommets d'autres vies
Leurs regards perdus dans le vent
Font chanceler mon cœur de pluie

Je reste seul dans la pénombre
Dernier refuge dans la tempête
Je rejoins mes démons immondes
Qui me torturent jusqu'à ma perte

Dans cette vie remplie de rien
Pas de fissures pour un sourire
Mon cœur de douleur de chagrin
Jour après jour attend le pire

Sur mon canoë de fortune
La peur la révolte la colère
Font chavirer mon cœur de plumes
Font vaciller mon corps de pierres

Encore un matin sans tes yeux
Encore un matin sans ta voix
Mon ciel ne sera plus jamais bleu
Mes plaies ne se referment pas

En ce matin de chrysanthèmes
On s'était peut-être pas tout dit
Après le deuil après la peine
Si l'amour frappait à nos vies

En ce matin de chrysanthèmes
Tu brilles à jamais dans mon cœur
Si je laisse entrer le soleil
Je rends à ma vie sa couleur

Ça pleure aussi un homme

Ça pleure aussi un homme quand un ami s'en va
Pas toujours de sanglots, à l'intérieur parfois
Au détour d'un chemin qui n'a plus d'horizon
Au détour d'une rencontre qui finit pour de bon

Ça pleure aussi un homme devant un rire d'enfant
Quand le p'tit fait un pas au pays des géants
Elles sont souvent précieuses tu sais ces larmes là
Ça pleure aussi un homme de bonheur et de joie

Ça pleure aussi un homme quand vient le grand départ
D'un parent d'un ami avant le grand brouillard
Face à la peur du vide, au vertige du néant
Ça pleure aussi un homme, qu'il soit faible ou puissant

Ça pleure aussi un homme quand il regarde sa vie
Quand manquent à sa maison les fous rires et les cris
Quand vient sonner l'hiver un soir devant sa porte
Quand il regarde dehors un tas de feuilles mortes

L'âme

Je viens du pays des monstres

Moi je viens du pays des monstres
Des vieilles sorcières du loup méchant
Derrière leurs yeux un peu féroces
Ils n'ont jamais mangé d'enfants

Moi je viens du pays des dinosaures
Leurs dents pointues le regard malin
Et leurs naseaux qui fument encore
Ils n'ont jamais mangé d'gamins

Moi je viens du pays des gens biens
Costards trois pièces sourires en coin
Derrière leurs visages rayonnant
Tous les soirs ils mangent les enfants

Moi je viens du pays des gens pieux
Qui décident le mal ou le bien
Soldats du ciel, soldats de Dieu
Tous les soirs ils mangent les gamins

Je viens du pays des monstres

Le cœur n'a pas de pays

Le cœur n'a pas de pays
Le cœur n'a pas de couleur
Prends-moi la main mon ami
Prends-moi la main n'aie pas peur

T'en as traversé des vallées
Et des déserts parfois si chauds
T'as dit adieu à c'que t'aimais
Pour venir te perdre chez les fachos

Derrière toi le chaos des bombes
Derrière toi la peur de demain
De la famine du ciel qui gronde
De ton univers de chagrin

Tu la voyais beaucoup plus belle
La grande Europe à la télé
Tu la rêvais un peu plus saine
J'suis désolé tu t'es planté

Le cœur n'a pas de pays
Le cœur n'a pas de couleur
On m'avait pourtant bien appris
Qu'tout homme avait la même valeur

Aujourd'hui le vent a tourné
Mais moi tu sais j'les reconnais plus
Dans ce vieux monde bien mal barré
Tous ces hommes qui se crachent dessus

Tu sais on n'est pas tous comme ça
Moi j'veux partager mon gâteau
Que tu sois d'ici ou là-bas
Ça nous rendra un peu plus beau

Tu pourrais tant nous en apprendre
De tes livres et de ton pays
Peut-être même on pourrait comprendre
Pourquoi un jour tu es parti…

Le cœur n'a pas de pays
Le cœur n'a pas de couleur
Viens avec moi mon ami
Et oublie un peu la terreur

Tu sais moi sous mon ciel de pluie
Je peux te donner ma chaleur
Ma maison est toujours ouverte
A qui vient la main sur le cœur

Le cœur n'a pas de pays

Welcome in Calais

On a traversé
Des déserts et des vallées
On a chevauché des montagnes
Quand les pieds font bien trop mal
On a laissé loin derrière
Amis, parents parfois nos frères
On a fui les bombes
Dans le déluge du ciel qui gronde
On a quitté la colère
Des fous de dieu des fous de guerre
On n'allait pas s'arrêter ici
Elle vaut mieux qu' tout ça tu sais ma vie
Moi j'voulais seulement
Un avenir pour mes enfants
Un p'tit carré de ciel bleu
Loin de mon passé dangereux

Elle faisait rêver à la télé
Ah la belle Europe on s'est planté…

Welcome in Calais,
Ses CRS ses barbelés
La Mer du Nord et ses souffrances
Me demande pas ce que j'en pense…
Welcome in Calais,
Lacrymo City s'il vous plait
Pour l'horizon un peu plus loin
Tant de prières tant de chagrins

Quel temps fait-il dans ton château ?

Moi il y a du soleil dans ma maison
Des rires d'enfants des cris des pleurs
On y entend même des chansons
On y entend battre les cœurs
Et toi avec tes beaux habits
Quel temps fait-il dans ton château ?

Moi il y a du ciel bleu à l'horizon
Je dessine le monde en couleur
Dans cette vie où je me fonds
On ne voit pas couler les heures
Et toi du haut de ton carrosse
Quel temps fait-il dans ton château ?

Oui mais demain on s'envolera
Un peu plus haut pourquoi pas ?
Attiré par les étoiles
Oui mais demain haut dans le vent
On survolera tous ces gens
Nous laisserons flotter nos voiles

Moi j'n'ai pas un rond j'n'ai pas un sou
Je n'ai que mes yeux à t'offrir
Mais dans ce monde un peu trop fou
Tu sais parfois ça peut suffire
Je dois bien t'avouer mon ange
On n'aura jamais de château…

Quel temps fait-il dans ton château ?

Ferme tes yeux on s'envole tous les deux !

Oublions ce ciel gris ce vent un peu trop fort
Oublions les secondes qui filent jusqu'à la mort
Derrière nous la misère de ce chemin de pluie
Derrière nous la douleur la tristesse infinie

Enterrés les fardeaux sur nos épaules en feu
Enterrées les images qui font couler les yeux
Plus jamais les abîmes de ce triste navire
Qui touchera le fond qui toujours nous attire

Bonjour soleil levant océan de lumière
Bonjour caresses au vent allongés sur les pierres
Bienvenus les oiseaux flottant dans les étoiles
Quand l'horizon embrasse le pinceau sur la toile

A nous cet infini qui nous prend par la main
Qui nous emmène plus haut qui nous emmène au loin
Retrouver au détour le regard d'un parent
Parti un peu trop tôt emporté par les vents

Ferme tes yeux
On s'envole tous les deux
Là où la lumière se meure
Où tombe le soleil !

Ferme tes yeux
On s'envole tous les deux
Dans la fumée la chaleur
On ouvrira nos ailes !

Le malentendu

T'étais toujours là pour tout l'monde
Ce soir personne n'est là pour toi
Dans tes pensées ce noir immonde
A sonné la fin du combat

Nous on n'pouvait pas deviner
A quel point t'étais malheureux
Moi je n'pouvais pas supporter
Cette église pour te dire adieu

Ton masque de clown s'est fendu
Il fait exploser ma colère
On s'disait tous «si on avait su»
Devant la mort sous tes paupières

Moi j'te voyais fort comme un chêne
Tu semblais respirer les vents
Ce soir je dors avec ma peine
Ce soir je pleure comme un enfant

T'étais toujours là pour tout l'monde
Ce soir personne n'est là pour toi
Dans ces pensées viens comme une ombre
Toi l'homme que je n'connaissais pas

Le sourire à côté du cœur
C'est sûr on s'était pas trompé
Tant de blessures tant de douleurs
Derrière ces moments partagés

Dans les sanglots j'ai entendu
Qu'c'est pas les femmes que tu aimais
Il est trop tard j'n'aurai pas cru
Qu'le regard des gens pouvait tuer

Cette histoire-là peut rendre fou
Si ça dérange deux hommes qui s'aiment
Si tu m'entends je ne sais où
J'trouve cette église un peu malsaine…

Sale temps pour les poètes

Si on s'allongeait sur la dune
Les yeux plantés dans la lumière
Loin de leurs horizons de brumes
Loin de leur chaos de poussières

Si on se posait dans le vent
Pour oublier le bruit du monde
Qui nous consume à chaque instant
Qui nous entraîne jusqu'à la tombe

Si on se plongeait dans le ciel
Amoureux du chant des oiseaux
A contempler les hirondelles
Ecouter le cours des ruisseaux

Si on touchait notre idéal
Loin de leurs cités de béton
Loin de leurs cités de chacals
Si on s'envolait pour de bon

Moi et ma guitare sur la route
Je n'ai que des mots à t'offrir
Pour éclairer une vie de doutes
Pour rêver d'un autre avenir

Je trace ma voie dans le tombant
Vers d'autres étendues de pluie
Le nez en l'air cheveux aux vents
J'avance en paix vers l'infini

Sale temps pour les poètes
Sale temps pour les rêveurs
Sale temps pour la planète
Adieu printemps de mille fleurs

Le départ

L'agonie

Ce soir à l'agonie du monde
Le regard droit dans le néant.
Nous défierons le ciel qui gronde
Nous y ferons couler nos sangs

Allongés là dans les ténèbres
Dans le silence nos corps blottis
Cette douleur qui nous rappelle
A quel point nous étions petits

Ces quelques fleurs un peu passées
Tristes reliques de temps si beau
Ici l'hiver vient d'arriver
Il nous faudra partir bientôt

Si par malheur tu me retiens
A quelques pas de ce grand saut
Tes larmes ne changeront plus rien
Notre avenir était plus haut

Ne partons pas sans nous débattre
A en crever la gueule en feu
Car dans ce douloureux théâtre
La mort ce soir n'est pas un jeu

Réveille-moi

Réveille-moi
Quand mon cœur ne sonne plus
Quand mes rêves ont disparu
Quand dans mes bras tu prends froid

Réveille-moi
Quand l'hiver sonne à ma porte
Quand dans mes larmes je m'emporte
Quand de douleur je me noie

Réveille-moi
Quand la tempête se soulève
Quand tu liras sur mes lèvres
Tous ces mots si loin de moi

Réveille-moi
Avant le temps du départ
Avant le temps des regards
Qui ne brillent plus pourquoi ?

Réveille-moi
Ce matin tu es partie
Ce matin tout est fini
Ton cœur ne bat plus pour moi

Réveille-moi
Je ne vois plus l'horizon
Je retourne à mes démons
Je m'enfonce je me débats

Réveille-moi
Allongé dans le ruisseau
Le froid me brûle la peau
Je ne me relèverai pas

Réveille-moi
Allongé là sous la terre
J'ai la mort sous les paupières
Je m'endors un peu plus bas…

Réveille-moi

La princesse et la bouteille

Tu as lâché ce matin
Au milieu de tes bouteilles
Le flacon de ce parfum
Qui te plaisait tant ma belle

Tu rêvais d'une vie de fête
Une vie de mille feux
Une vie où rien t'arrête
Aujourd'hui j'te dis adieu

Ce n'était pas du Shalimar
Tu t'en foutais du flacon
Pour noyer ton désespoir
Tu t'envolais pour de bon

C'était une histoire d'amour
D'une princesse et d'une bouteille
Qui consume jour après jour
Une vie pas toujours belle

Moi qui traîne ma gueule de bois
Dans les rades de ta misère
Ton souvenir au fond de moi
Ne résout pas ma colère

Requiem pour une princesse
La reine du bar tu nous laisses
Il manque une étoile à ma nuit
Il manque une étoile à ma vie...

Tu voulais

Tu voulais la lune le soleil
Tu voulais l'ombre et la lumière
Tu voulais conquérir le ciel
Tu voulais embrasser la mer
Tu voulais des robes à cent balles
Pour faire ta belle sur le dance-floor
Et moi j'y comprenais que dalle
Quand tu changeais ma vie en or

Tu voulais toujours dans mes yeux
Cette étincelle cette folie
Et moi j'trouvais ça merveilleux
J'comprends pas pourquoi t'es partie
Tu voulais encore et toujours
Des nuits d'ivresse des nuits de feu
Tu voulais éteindre le jour
Dans un clignement de tes yeux

Tu voulais cramer les deux bouts
De nos existences déjantées
Tu voulais qu'on soit un peu fou
Dans les effluves de ta fumée
Tu voulais mourir sur la scène
Dans un tourbillon ma poupée
Après le couteau sur tes veines
Ce soir c'est toi qui m'as tué

Tu voulais vivre à cent à l'heure
Comme un avion au loin décolle
Les yeux détournés du compteur
Tu as explosé en plein vol
Tu voulais tous les enterrer
Tous ces gens un peu trop gentils
Tu n'voulais pas leur ressembler
Ce soir je crois c'est réussi

Tu voulais le contre-courant
Sur ton canoë de fortune
Contre les flots contre les vents
Tu voulais décorer la lune
Tu n'voulais pas la vie tranquille
Ou tu t'endors sur ta télé
A l'heure où règne sur la ville
Les murmures de ces nuits branchées

Tu n'voulais jamais le réveil
Dans cette triste réalité
C'est dans ces paradis ma belle
Un jour je crois on s'est aimé
Tu n'voulais jamais le réveil
Dans cette triste réalité
C'est dans ces paradis ma belle
Un jour je crois tu t'es paumée

Tu n'voulais pas de chrysanthèmes
Tu n'voulais pas de noir non plus
Tu n'voulais pas de ceux qui sèment
Des larmes de leurs yeux déçus
Tu n'voulais pas de chrysanthèmes,
Tu n'voulais pas de noir non plus
Ce soir si tout mon être saigne,
Ce soir c'est toi que j'ai perdue.

Si tu dois partir comme ça

Si tu dois partir comme ça
Pour un château pour un roi
Si tu balayes nos promesses
Tu me blesses et tu me laisses

Si tu pars dans la colère
Pour des cailloux pour des pierres
Si tu oublies mon chagrin
Après toi y'aura plus rien

Si tu n'aimes plus mes chansons
Si tu les trouves un peu cons
Si dans tes yeux s'éteint le feu
J'crois qu'j'serais le plus malheureux

Si tu en oublies ce jour
Où derrière ces beaux discours
Battait mon cœur amoureux
De ton sourire, de tes yeux

Si tu pars au bout du monde
Loin du gris du ciel qui gronde
Sûr que j'm'en remettrai pas
J'suis pas moi quand t'es pas là

Et si je perds la raison
À en oublier ton nom
J'me raccrocherai à l'idée
Qu'un jour tu viennes me chercher…

Là où se taisent les ouragans

Huit heures du mat' près du comptoir
Je regarde mes amis paumés
Il y a du vide dans les regards
Ils ont les yeux prêts à chialer

J'étais d'ici moi des corons
J'voulais pas ma vie au bistrot
Fils de mineur fils de charbon
J'voulais ma vie un peu plus haut

Moi j'la voulais en double XL
Moi j'la voulais pas au rabais
Moi j'la rêvais un peu plus belle
Moi j'ai la haine à en crever

J'la supportais plus cette vie là
Entre la bière et les cachetons
J'aurai pu mourir comme un rat
Moi j'veux mourir un peu moins con

Je pars pour d'autres horizons
Je pars pour d'autres aventures
Je vous laisse le gris du béton
Je vous laisse le froid de vos murs

On n'pouvait plus se regarder
Ce soir je repars en croisade
On n'pouvait plus se supporter
Putain de société malade

Tu me trouveras dans un comptoir
Bravant la chaleur la fumée
Je baratinerai des histoires
De votre univers de cinglés

Tu me trouveras près du soleil
Là où se meurent les ours blancs
Là où s'endorment les abeilles
Là où se taisent les ouragans.

On s'tient la main

Puisque dans tes yeux
Ne brillent plus la flamme le feu
Puisque même tes lèvres
Ne goûtent plus le fruit la sève

Puisque sur ta peau
Ne coule plus l'eau des ruisseaux
Puisque tes cheveux
Ne flottent plus d'un air fiévreux

Puisque même mes larmes
Ne raviveront jamais ta flamme
Ce soir seul avec mon chagrin
On s'tient la main

Puisque c'est ainsi
Vers l'inconnu tu es partie
Puisque même ces fleurs
Ne consoleront jamais mon cœur

Puisque tous ces gens
Sont venus pour toi larmoyant
Puisque quelque part
Une étoile nous dit au revoir

Puisque même ces mots
Ne soulageront jamais mes maux
Ce soir seul avec mon chagrin
On s'tient la main

Et si tu m'entends
Vers d'autres cieux vers d'autres vents
Quand dans mes rêves
Je te rejoins on s'tient la main !

Adieu la vie

Adieu la vie ton ciel de pluie
Adieu les fous rires des enfants
Adieu tes yeux adieu la nuit
Je suis seul face au grand néant

Adieu printemps de mille couleurs
Adieu les rues de ma jeunesse
Adieu les abeilles sur les fleurs
Adieu les bars les soirs de liesse

Adieu le vent sur mon visage
Adieu les sanglots sur tes lèvres
Adieu tonnerre les nuits d'orage
Quand ton regard se fait de braise

Adieu nos deux corps enlacés
Adieu le soleil du matin
Adieu horizon champs de blé
Adieu les caresses de tes mains

Adieu les mots sur ma guitare
Qui pouvaient réparer mes plaies
Adieu le blues les idées noires
Adieu le cafard de janvier

Adieu mon armure en lambeaux
Soulagé mon être meurtri
Une vie de fumée de mégots
J'étais déjà un peu parti

Adieu les oiseaux de passage
Adieu les fleurs de ton jardin
Ce soir déjà le grand voyage
Ce soir la croisée des chemins

Et si par malheur je m'égare
Et si par malheur je m'oublie
Tant que je brille dans vos mémoires
Ici ailleurs, je suis en vie

Adieu la vie

La Lumière

C'est le même torrent qui coule en nous !

Du fond de l'Afrique
Jusqu'en Amérique
Du haut de l'Asie
Même en Australie !
Toi qui fuis les bombes
Sous un ciel qui gronde
Enfant de la terre
Tous sur la même terre !

Enfant de Bouddha
Allah, Jéhovah
Nous sommes tous pareils
Sous le même soleil !
Dans les yeux des mômes
Dans le cœur des hommes
Qu'importe la couleur
Chantons tous en cœur !

C'est le même torrent qui coule en nous !
C'est la même chaleur au creux de nos cous !
C'est le même feu qui nous dévore !
Donne moi ta main on sera plus fort !

C'est le même torrent qui coule en nous !

Le soleil de Combani

Le soleil se lève tous les matins sur Combani
Les enfants jouent dans les rues j'entends leurs cris
Pieds nus dans la terre au milieu des chèvres des poulets
Une nouvelle journée ici va commencer

Mouadji se réveille il a l'sourire jusqu'aux oreilles
Il regarde sa rue son village son île s'éveille
Un parfum de fleurs le caresse depuis les roseaux
Il met sa main vers le soleil tout est si beau

Traquer le hérisson mahorais dans ta forêt
Le soir avec tous tes amis se retrouver
Allumer un feu et partager un grand festin
Et ensemble refaire le monde jusqu'au matin

Ton trésor à toi c'est ton sourire et tes amis
Ta vie la nature le soleil ça te suffit
Vingt ans ont passé quand je te vois sur les photos
De ton Banga tu nous regardes de très très haut

Mouadji, dit moussa
Elle fait rêver ta vie là-bas
Avec mes idées de m'zoungou
Toi tu m'disais que j'étais fou…

Le soleil de Combani

La lumière

Tant que couleront les rivières
De la source jusqu'à la mer
Tant que la pluie et le ciel nous inondent encore
Tant que voleront les oiseaux
D'ici jusqu'aux pays chauds
Tant que la vôute des étoiles brille toujours plus fort

Je serai là pour toi,
Je serai là pour toi,
Ensemble on fera le tour de la terre
Je serai là pour toi,
Je serai là pour toi,
Ensemble on défiera même l'univers

Chasse un peu tous ces nuages
Oublie d'être un enfant sage
Après l'orage forcément revient le soleil
Oublie même tous tes malheurs
Sèche tes larmes pour quelques heures
Malgré le tonnerre La vie est si belle

Je sais maman est partie…
Envolée au paradis…
Prends ma main p'tit gars…
Restons dans la lumière….

La lumière

Un autre Regard…,

par Luce G

Contact

ressourcespoesieaugmentee@gmail.com